Sully Prudhomme

Réflexions sur l'Art des Vers

essai

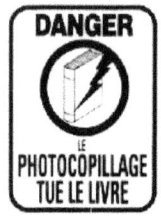
ISBN : 978-1522723905

10 9 8 7 6 5 4 3 2 1

Sully Prudhomme

Réflexions sur l'Art des Vers

essai

Table de Matières

Réflexions sur l'Art des Vers

QUE les géomètres sont heureux ! Leurs querelles ne sauraient durer, celles des artistes sont interminables. C'est que les premiers doivent définir ce dont ils parlent, tandis que les seconds croient pouvoir s'en dispenser. À vrai dire, dans une large mesure, ils n'y sont pas tenus : presque toujours l'objet de leur dispute échappe à toute définition, parcequ'il relève immédiatement de la sensibilité. Ce qu'il y a de personnel dans leur manière de sentir, la raison d'être de leurs œuvres, ce qui en fait le prix, l'originalité, ne peut se traduire que par leurs œuvres mêmes. Aussi rien n'est-il plus vain, plus décevant que de leur demander l'exacte formule de leurs aspirations ; quand ils la donnent, elle n'est pas précise et n'est guère intelligible que pour eux-mêmes. Dans la polémique leur situation est bien différente de celle des géomètres. Pour peu qu'ils soient consciencieux et modestes, elle devient fort désavantageuse. Ils ne se dissimulent pas que leur foi manque, par essence, de fondement rationnel, et le respect même qu'ils ont de leur idéal les empêche de le livrer mal défini à une discussion qui l'offense ; enfin leur défiance d'eux-mêmes accroît leur impuissance à se faire comprendre. Au contraire, s'ils sont affranchis de tous ces scrupules, ils ont beau jeu. Il leur suffit d'émettre un programme de principes et, pour l'autoriser, de déclarer qu'ils sentent ce qu'ils affirment ; personne n'est en mesure ni en droit de contester des assertions de cette origine. Sans contrôle elles peuvent, sans péril, être outrecuidantes et impertinentes. Il n'en va pas de même des propositions géométriques ; celles-ci ne valent que par les preuves et se rendraient ridicules si elles prétendaient s'en affranchir et demeurer des opinions individuelles sans perdre leur autorité. Comme, d'autre part, la conscience et la modestie sont hors de cause dans le raisonnement, chacun pouvant en vérifier la justesse, les géomètres ne connaissent pas entre eux les inconvénients de la pudeur et de la fierté timide. Ajoutons qu'ils n'ont jamais besoin de s'injurier mutuellement, puisqu'ils ont d'infaillibles moyens de se convaincre. Ils sont bien heureux ! Oh ! produire une indiscutable beauté, comme celle d'un théorème démontré avec une simplicité ingénieuse, avec élégance en un mot, et d'une si haute portée que la prédiction d'un mouvement céleste en dépende ! Vous est-il permis

Sully Prudhomme

à vous autres, artistes, à vous surtout, poètes, de goûter jamais le tranquille orgueil d'une création pareille, d'une œuvre qui force l'envie au respect par la crainte du ridicule ? La découverte de la vérité impose le respect aux vieillards mêmes envers le plus jeune des savants ; vous, vous en êtes réduits à ne l'oser réclamer que pour votre âge, sans l'obtenir toujours de vos cadets qui débutent, et ils sont encore plus à plaindre que leurs aînés.

Qu'on s'imagine, en effet, la situation d'un jeune homme d'une vingtaine d'années débutant aujourd'hui dans l'art des vers. Il en a eu le goût dès l'adolescence, il y était enclin ; il en a, peu à peu, tout seul, appris les règles, d'abord par la culture des poètes classiques et par des conseils recueillis de divers côtés ; puis il s'en est assimilé les secrets, les ruses et les derniers raffinements par la lecture des plus récents chefs d'école et le commerce de leurs zélateurs. Il souffre de ses amours, de l'aigre ou sourde opposition d'une famille alarmée, et trop souvent de la pauvreté, qui l'enchaîne à un odieux gagne-pain. Ce sont des déboires, des désillusions, les mille douleurs juvéniles qui, en général, lui fournissent ses premières inspirations, mélancoliques, révoltées ou amères. Aussi, le plus souvent, commence-t-il par s'adonner à la poésie personnelle. Versifier est un besoin de son cœur ; mais tout le monde ne s'intéresse pas à ses peines intimes et, en outre, beaucoup d'émules lui disputent l'attention publique, très difficile pour tous à conquérir sur les renommées consacrées. Il s'étonne du faible écho de ses soupirs, du court retentissement de ses cris, et il est tenté d'en accuser la négligence de son éditeur qui n'en peut mais, plutôt que de s'en prendre à l'indifférence des lecteurs. Il n'a pas conscience encore de la vraie cause de son insuccès, parce que, dans la poésie, on peut demeurer médiocre avec une grande habileté technique, beaucoup d'instruction, beaucoup de mélancolie, de révolte et d'amertume. Pour y réussir, il ne suffit pas d'être à un haut degré impressionnable, qualité commune à un grand nombre d'hommes, ni d'être érudit, ce qui est plus rare mais non pas unique, ni même d'exceller dans l'évocation et l'ajustement de rimes surprenantes, dans l'emploi de toutes les ressources du rythme, ce qui est encore accessible à plusieurs. Le poète doit, par surcroît, user de ces divers avantages avec tant de discernement, de justesse et de sincérité, qu'il fasse passer dans l'expression de ses sentiments le caractère propre, irréductible, inaliénable qui chez lui les différencie des mêmes sentiments chez tout autre. Chaque individu est apte à aimer, espérer, craindre, mais partage ces aptitudes avec n'importe qui ; il n'en a pas le monopole ; ce que nul autre ne peut posséder intégralement comme lui, c'est cela même qui l'individualise, c'est ce que son tempérament imprime de personnel à l'amour, à l'espérance, à la crainte, ce qui fait son originalité. Les sentiments généraux se particularisent en devenant siens, c'est-à-dire en empruntant les qualités de son âme, tout comme l'expression de ces sentiments sur son visage en contracte les caractères particuliers, qui la distinguent de ce qu'elle est sur les autres visages. Or le style, qui est l'animation, la vie du langage, constitue pour l'écrivain une seconde physionomie destinée à suppléer celle que le lecteur ne voit pas ; l'une doit donc être l'exact équivalent de l'autre ; l'âme doit se peindre sur l'une aussi fidèlement que sur l'autre. Mais combien s'en faut-il que la plasticité mimique du langage égale celle de la physionomie corporelle, que les phrases soient aussi dociles aux battements du cœur, aussi souples, aussi mobiles que les traits, surtout quand elles sont soumises aux lois inflexibles de la versification ! Combien la phrase, qui est une ligne brisée, est-elle moins sinueuse qu'une ligne courbe (celle du sourire, par exemple), et combien la mosaïque des mots est-elle moins nuancée qu'une gradation et un mélange de tons (telle la rougeur pudique sur un front lilial). La nuance, comme la sinuosité, efface la juxtaposition ; elle est la commune et indiscernable limite de deux choses qui se fondent et s'atténuent mutuellement à leur point de contact ; elle participe des deux à la fois sans être ni l'une ni l'autre. L'originalité de l'écrivain, ainsi que nous l'avons définie, se traduit dans ses œuvres par le choix des sujets qu'il traite et par ce qu'il y met de soi. Tant de variations des mêmes sujets ont tant de fois défrayé les recueils de poésies, les mêmes thèmes éternels de la douleur, spécialement de la peined'amour, ont inspiré déjà de si nombreux et si excellents poètes que les productions sincères des derniers venus ne peuvent plus guère se distinguer entre elles, et des précédentes, sinon par des nuances reflétant la plus intime personnalité de chacun d'eux, ce qui le distingue de ses semblables les plus rapprochés. Il en résulte la nécessité pour chacun d'avoir recours aux plus délicates ressources du langage. Mais pour les

Sully Prudhomme

découvrir et les utiliser, la volonté ne suffit pas ; il faut le don, qu'elle ne saurait suppléer et qui est partie intégrante du génie poétique. En poésie, comme dans les autres arts, l'aspirant, si bien doué qu'il soit d'ailleurs, n'est pas devenu artiste, dans le sens rigoureux du mot, tant qu'il s'en tient à caresser intérieurement son émotion, tant qu'il se borne à rêver et à imaginer sans traduire au dehors ce qu'il éprouve, sans le revêtir d'une forme sensible. Or cette traduction, pour être fidèle, suppose une aptitude spéciale : à savoir, dans les arts plastiques, la correspondance exacte entre l'image visuelle et la main, et, ici, entre l'état de l'âme et la fonction poétique du langage. La sincérité, la conscience dans l'exécution consiste pour le poète, comme pour les autres artistes, à n'y pas transiger avec ce qu'il sent. Est-ce à dire qu'il soit condamné à repousser comme non avenue toute idée, toute image suggérée par la rime, dont parfois l'exigence, sans l'induire à violenter sa pensée, en dispose passagèrement ? Point du tout ; ce sont là des rencontres heureuses, non des trahisons. Ce qu'il doit s'interdire, ce sont les compromis inavouables, les chevilles de mots, par exemple, et, licence moins naïve, les chevilles de vers entiers dont l'intrusion parasite prostitue la pensée à la rime. La mauvaise foi s'insinue par là dans l'exécution avec plus ou moins d'adresse et, chez certains virtuoses, avec un art qui arrive à la racheter.

Mais il y a des cas où elle abuse, sans rachat, du privilège d'impunité que lui assure l'inviolable asile du for intérieur où elle se retranche. Comment convaincre de mauvaise foi un artiste ? Comment lui prouver qu'il n'exprime pas ce qu'il sent, qu'il ne sent pas ce qu'il exprime, que son style est contrefait et manque de naturel ? Des présomptions seules sont permises. Il en est auxquelles on peut se fier sans jugement téméraire : l'absence de sincérité se dénonce par des excès dénués de passion, des bizarreries à froid. La physionomie du langage, dès qu'elle est faussée, agit sur le lecteur de la même façon que celle du corps sur le spectateur par l'affectation des manières, par des gestes composée, par une démarche prétentieuse ou volontairement déhanchée. Quand un acrobate chemine sur une corde raide, quand un gamin fait la roue, on ne prend pas ces exercices pour leur allure spontanée ; et quand ils marchent naturellement on s'aperçoit qu'ils n'ont ni grâce ni distinction. De même certaines poésies étranges accusent chez leurs auteurs l'unique dessein d'étonner, et il y a gros à parier que les premiers vers où ils ont tenté la sincère expression de ce qu'ils sentaient décèlent par leur médiocrité une égale médiocrité d'inspiration. N'est-il pas présumable encore ou, du moins, à craindre que de jeunes poètes, d'ailleurs bien doués à tous égards, impatients del'obscurité, se laissent entraîner à imiter ceux-là afin de forcer l'attention publique, faute de réussir, pour la mériter, à traduire cette nuance délicate qui seule, aujourd'hui, imprimerait à leurs œuvres leur originalité ? Ces égarés sont à plaindre, car ils ont pour excuse l'excessive difficulté de percer, créée aux nouveaux venus par la concurrence énorme de leurs prédécesseurs et de leurs contemporains.

Cette concurrence est, heureusement, loin de décourager tous les débutants de valeur ; elle en aiguillonne beaucoup, au contraire. De là, les remarquables efforts tentés par les plus vaillants pour tirer tout le parti possible du vocabulaire français, pour faire fléchir la rigidité des formes traditionnelles du vers et les approprier à une signification plus subtile et plus aiguë. La tâche est haute et malaisée, et leur hardiesse semblerait désespérée, si, visiblement, leur confiance n'égalait leur audace. Il ne faut ni s'étonner ni sourire d'une pareille entreprise ; elle était imminente, elle est sérieuse. Par les mobiles les plus naturels toute la dernière génération d'artistes est poussée à rajeunir un instrument d'expression surmené et usé par la foule de leurs devanciers. Cet instrument qu'elle hérite a pu rendre à merveille les caractères saillants de la nature humaine, ceux des races dont la fusion a formé le peuple français, ceux des nombreuses variétés du type national, ceux des modèles singuliers les plus accentués, les plus éminents de ce type, enfin ceux d'un grand nombre d'autres individus qui l'ont réalisé ; mais beaucoup d'autres poètes encore, les derniers arrivants, cherchent sur la lyre française des cordes qui vibrent à l'unisson de leur voix intérieure et qui en aient le timbre. Ceux-ci les voudraient vierges du toucher d'autrui, et ils ne les trouvent pas. Force leur est donc d'utiliser les anciennes cordes déjà si fatiguées ; mais en font-ils tous le meilleur usage qui en soit demeuré possible ? Au lieu d'en solliciter patiemment les sons les mieux adaptés à la nuance toute personnelle de leur inspiration, beaucoup les tourmentent ; au lieu de les renouveler, ils les faussent. Les poètes de la génération précédente, habitués à la bienveillance par leurs propres maîtres et par des mœurs littéraires moins âprement militantes, lisent les récentes productions avec un très naïf, très sincère désir d'y applaudir ; mais ils ont souvent l'oreille déconcertée par des vers surprenants ; ils ne sont pas aptes à en jouir. Tant pis pour eux, ou tant mieux peut-être ; c'est ce qu'il s'agit d'éclaircir.

La question, au point où l'ont amenée les violences récemment faites à la poétique traditionnelle, peut se poser comme il suit : en quoi, dans notre langue, la versification diffère-t-elle essentiellement de la prose ?

L'oreille française est seule juge en cette matière ; c'est elle qu'il faut consulter. « Mais, objectera-t-on tout d'abord, qu'est-ce que l'oreille française ? N'est-ce pas là une pure abstraction ? Tous les Français n'ont pas nécessairement la même ouïe ? Sans doute les consonances plaisent à tous, mais beaucoup se satisfont de rimes médiocres, même de simples assonances (comme dans les chansons populaire). Le besoin de la rime plus que suffisante est factice et risque de dépraver le goût ; il recèle un penchant misérable aucalembour et il y conduit. Quant au nombre des syllabes constitutives du vers, il est variable dans des limites qu'on ne saurait fixer. Il suffit que des vers d'un nombre inusité de syllabes plaisent à quelques lecteurs pour que le poète capable de les composer ait sa raison d'être et que ses titres ne puissent lui être contestés, car il n'est justiciable que des lecteurs à qui ses vers s'adressent. Au surplus, ce qui choque d'abord par la nouveauté peut, à la longue, se faire accepter, voire admirer, et, au fond, pour légitimer une réforme, même radicale, de la versification, peut-être n'y a-t-il que des habitudes anciennes de l'oreille à changer. Dans tous les cas, bien des découvertes encore sont très probablement à faire dans la poétique française. » — Cette fin de non-recevoir opposée à toute théorie absolue et arrêtée de l'art des vers, est propre à séduire les jeunes poètes par l'indépendance qu'elle leur assure et qui sourit à la générosité de leur âge. De plus, en sapant la base de toute critique, elle les affranchit d'un gros souci : chaque débutant ne relève plus que de lui-même et de ses amis. Ne semblerait-il pas que la plus grande tolérance des écoles entre elles dût résulter de cette émancipation générale ? Il n'en est rien pourtant ; au contraire, elles se conspuent mutuellement, comme si chacune avait juridiction sur les autres, comme si le droit d'exister que chacune s'arroge exclusivement n'était pas, au même titre, dévolu à toutes. Pourquoi voulez-vous donc que Pierre et Paul sentent comme vous, qu'ils empruntent votre oreille ? Chacun prend son plaisir où il le trouve. Pourquoi donc faites-vous un accueil hostile ou dédaigneux à leurs protestations fondées sur le principe même de pleine liberté dont se réclame votre école pour secouer le joug de la tradition ? N'y a-t-il pas une étrange inconséquence à prétendre dogmatiser après avoir ruiné l'autorité du dogme ? C'est que le novateur entend bénéficier seul de la révolution qu'il provoque ; il ne fait table rase que pour élever sa chapelle. Il se déclare seul en possession de la vérité ; mais la formule de ses principes est simplement celle de son tempérament, de sorte qu'il suscite maints débats où il ne peut ni convaincre ni être convaincu par des raisons qui soient décisives, c'est-à-dire impersonnelles. Le triomphe des récentes écoles les plus avancées ne laisserait rien debout de ce qui, jusqu'à présent, a été considéré comme distinguant pour l'oreille les vers de la prose, sauf la rime, et encore la sacrifient-elles volontiers. Dans leurs poèmes, il faut s'en remettre à l'œil pour discerner si un membre de phrase est un vers ou un simple fragment de prose, selon qu'il est isolé du reste de la phrase et mis en vedette, ou qu'il y demeure incorporé. Ainsi l'évolution historique du vers, après tous les essais progressifs qui ont élaboré cette forme du langage sous le contrôle spontané et sur les indications concordantes d'oreilles spécialement douées et très nombreuses, cette lente évolution aboutirait à disloquer et détruire tout à coup son œuvre même au gré de fantaisies individuelles, à effacer toute différence essentielle entre les vers et la prose. Nous ne le croirons qu'à la dernière extrémité. Sans doute on prétend que, loin d'abolir le vers, on le perfectionne, qu'on en réforme la mesure pour en parfaire l'harmonie, pour en multiplier et mieux exploiter les ressources d'expression musicale ; nous craignons, au contraire, qu'on n'en méconnaisse les caractères musicaux propres pour les confondre avec ceux de la prose. La définition de ces deux sortes de caractères est à la fois si importante et si délicate que nous ne pouvons nous dispenser d'y toucher ni, non plus, nous flatter de la préciser autant que nous le voudrions. Ce que nous allons en dire suffira toutefois à motiver nos craintes.

Sully Prudhomme

Chapitre I

LE signe verbal, le mot, n'est que par exception imitatif de la chose qu'il signifie. Il ne l'est guère que dans le cas où cette chose est elle-même un son, car alors l'imiter est le plus facile moyen de l'indiquer : par exemple les mots *murmurer, grommeler, bourdonner, soupirer, crier, hurler*et, en général, les noms donnés aux cris divers des animaux tendent à reproduire ces cris. Ce sont des onomatopées. Mais les onomatopées sont rares ; il n'y a, le plus souvent, rien de commun entre les qualités acoustiques du nom et l'essence de la chose nommée, de sorte que le lien qui unit le mot à l'objet qu'il signifie est tout conventionnel. La convention qui l'a créé est un accord instinctif ; elle se dissimule, elle est presque toujours tacite, inconsciente, immémoriale, elle n'en est pas moins réelle. Ah ! si tout le vocabulaire était fait d'onomatopées, les mots, au lieu d'être, en immense majorité, uniquement*symboliques,* seraient tous *expressifs,* car leurs sons constitutifs participeraient de la nature même de leurs objets et n'y seraient pas accolés comme de simples étiquettes. Le vocabulaire y gagnerait tous les avantages du signe naturel sur le signe conventionnel. Mais la conception d'un vocabulaire entièrement expressif est chimérique : à mesure que l'esprit humain, par le progrès des sciences, engendre des idées plus générales, plus abstraites et partant plus importantes, les notations de la pensée se font de moins en moins concrètes à leur tour ; elles tendent à devenir algébriques, c'est-à-dire symboliques par excellence. Une loi est sans visage, elle n'a pas de signe verbal, à proprement parler, expressif. Remarquons toutefois que le long usage opère sur les mots, au double point de vue oral et graphique, une transfiguration singulière : l'habitude de l'oreille et de l'œil arrive à leur prêter une physionomie vivante, si étroitement liée à la chose signifiée qu'elle semble en participer et qu'on finit par ne plus pouvoir séparer l'une de l'autre. Le signe verbal alors paraît être devenu de conventionnel naturel. Ce phénomène explique pourquoi les néologismes sont si odieux dans le vivant langage de la poésie, et pourquoi toute réforme de l'orthographe usuelle fait horreur au poète comme un attentat, comme une blessure ou une grimace infligée au cher visage d'une compagne sacrée. Les gardiens de la langue, qui ont traîtreusement amputé le noble *y* du mot lys ne se doutaient donc pas de la légitime indignation qu'ils exciteraient dans l'âme des lettrés délicats ? Ils ont sacrifié l'esthétique à l'économie d'un jambage.

Un mot peut être harmonieux et par cela même expressif d'une douceur ou d'une majesté étrangère à l'objet qu'il signifie et, inversement, il peut signifier, quoique inharmonieux, un objet aimable ou élevé. Mais ces désaccords deviennent peu à peu insensibles par l'accoutumance, qui prête au mot la physionomie de ce qu'il désigne.

Toute la langue n'est pas dans le vocabulaire, tant s'en faut ; si par eux-mêmes les mots sont rarement expressifs, leurs rapprochements choisis et leurs enchaînements ordonnés le sont, en revanche, toujours et à un haut degré. Jetons un coup d'œil rapide sur ces moyens supérieurs d'expression.

Chapitre II

La syntaxe fournit leurs liens aux mots et aux propositions ; elle organise la phrase ; mais c'est le style qui est la vie de cet organisme. Le style peut être faussé par le manque de culture ou de bonne foi, mais il a pour fonction normale d'exprimer l'originalité de l'écrivain ; la syntaxe, au contraire, est essentiellement impersonnelle. Les règles en sont les mêmes quel que soit le style. Aussi n'exprime-t-elle rien ; mais n'en pas suivre les lois dénote l'ignorance de la grammaire reçue ou le parti pris d'être inintelligible, ou quelque prétention bizarrement subversive. Comme, d'ailleurs, la syntaxe est, au fond, non moins conventionnelle que le vocabulaire, chacun peut, sans violer la nature des choses, proposer une syntaxe nouvelle aussi bien qu'un mot nouveau. Il ne s'agit que de la faire accepter. Le style seul est expressif ; seul il anime la phrase en lui communiquant l'émotion de l'écrivain, le mouvement même de son âme sous l'impression de ce qu'il rapporte.

Le style est donc tout ce qui, dans le langage, échappe à la convention. Il a pour condition fondamentale la grammaire, pour instrument immédiat le son vocal, le clavier de la langue, en un mot la phonétique ; mais, remarquons-le bien, non pas la phonétique tout entière. Chaque mot, en effet, a sa sonorité propre qui, on le sait, n'est pas nécessairement imitative, expressive de la chose signifiée, non plus que des affections de l'âme émue par celle-ci. Se proposer d'employer exclusivement les vocables dont le son même exprime le sens, ce serait se condamner à un labeur incompatible avec la nature conventionnelle du vocabulaire. Une part seulement de la phonétique du langage est donc afférente au style, est susceptible d'exprimer l'âme de l'écrivain et ce qu'il sent des choses qu'il nomme. Cette part, c'est l'harmonie imitative propre à la démarche, à l'allure de la phrase, à l'association de certains mots, aux onomatopées. L'autre part de la phonétique, à savoir la sonorité de tout le reste des mots, sonorité entièrement étrangère à leur sens, n'ajoute rien et peut même nuire à l'intégrité de l'expression due au style. C'est ainsi que les mots abstraits, par exemple, sont bannis du langage passionné, où le style cherche à utiliser le plus possible la qualité expressive des mots.

Les remarques précédentes s'appliquent sans distinction à la prose et aux vers. Le style étant commun à ces deux formes littéraires, sa vertu propre d'exprimer par les qualités et les rapports des sons leur est commune également. Si donc ces deux formes sont réellement distinctes, elles le sont par la façon différente dont la phonétique, dans l'une et dans l'autre, est employée pour l'expression. Or la versification peut se définir : l'art de faire bénéficier le plus possible le langage des qualités agréables et éminemment expressives du son. La prose les utilise déjà, mais à un moindre degré, dans toutes les diverses catégories de la pensée, par une progression musicale du langage que peuvent mettre en évidence des exemples typiques. Une phrase bien faite, quel que soit le sujet traité, satisfait l'oreille et intéresse l'imagination et la sensibilité davantage à mesure que l'harmonie en devient plus imitative. Descartes dans ses *Méditations*, Pascal dans son *Traité de l'équilibre des liqueurs*, Laplace dans ses préliminaires sur le calcul des probabilités, usent d'une langue dont la sonorité seule ne révèle pas de quoi ils parlent, mais se borne à exprimer par une cadence ferme et grave la vigueur de leur esprit. Par cela seul que la phrase, admirablement construite, est limpide, elle flatte l'oreille comme un flot clair dont le murmure ne fait d'ailleurs rien connaître des objets qui s'y mirent. Plus expressive est la phonétique du langage dans la période de Bossuet, aux fortes divisions, à la chute impérieuse ;

l'âme en est violentée et tout ébranlée. L'éloquence de Fénelon, plus communicative, est plus pénétrante encore. Avec Rousseau les battements même du cœur se font sonores dans la phrase qu'ils soulèvent en la rythmant. Chateaubriand, écrivain d'une virtuosité magnifique, introduit enfin dans la prose tout ce qu'elle comporte d'harmonie sans rien emprunter à la versification.

Il faut bien se garder de confondre celle-ci, c'est-à-dire l'art de faire des vers, avec la poésie considérée comme l'aspiration la plus ardente et la plus haute vers quelque céleste idéal. Les fables de La Fontaine sont pleines de recettes pratiques pour n'être pas dupe en ce bas monde, pleines d'aphorismes dépourvus de toute poésie, mais consacrés dans des vers nets, immuables, frappés comme des médailles, admirablement mnémoniques. On trouve en foule aussi, dans Corneille, de ces vers inoubliables, d'une moralité plus sévère, mais nullement éthérée ; ce ne sont que des préceptes et des maximes. Les poètes français ont produit d'excellents vers dans tous les genres. Il n'y a aucun sujet interdit à cette forme du langage ; la comédie en vers le prouve, car aucune matière à entretien n'en est entièrement bannie. Aussi la progression que nous venons de constater dans les caractères expressifs de la prose a-t-elle pour parallèle une progression analogue dans ceux du vers depuis le poème didactique jusqu'à l'élégie et l'ode. Mais à chaque degré de ces deux échelles correspondantes, l'harmonie du vers l'emporte sur celle de la prose, grâce à des ressources musicales toutes particulières. Rien n'est plus contraire au génie français, comme à l'essence même de la versification, que de vouer celle-ci exclusivement au service des émotions poétiques, des états d'âme mélancoliques, nobles ou sublimes ; elle excelle à faire sonner le rire et à promulguer les décrets de la raison.

Chapitre III

LA phonétique des vers, si distincte qu'elle soit de celle de la prose, en retient néanmoins une certaine partie. Avant de déterminer comment, pour obtenir l'une, il faut modifier l'autre, il importe de se faire une idée, au moins approximative, de la seconde. Une bonne prose plaît à l'oreille ; elle est harmonieuse et, à ce titre, nous avons pu l'appeler musicale. Son harmonie toutefois diffère beaucoup de la musique proprement dite. Une même voyelle, en effet, chantée avec une intensité quelconque, peut, sans rien perdre du caractère qui la distingue des autres voyelles, fournir toute la gamme ; une infinité de mélodies peuvent être composées sur les mêmes paroles. Ainsi dans la musique proprement dite les voyelles par elles-mêmes ne sont pas des notes ; chacune d'elles y demeure indépendante à la fois de l'intensité du son qui la constitue et des rapports de hauteur de celui-ci avec les sons des autres voyelles (rapports révélés par Helmholtz), c'est-à-dire que sa qualité spécifique est un timbre. Chacune représente donc un timbre distinct, s'adaptant à celui de chaque voix différente qu'elle emprunte. Le système des voyelles forme donc une sorte d'orchestre qui n'est pas essentiellement soumis à la loi de la gamme et dont les divers timbres, tout en conservant leurs mutuels rapports, subissent tous l'influence d'un commun timbre variable. Ajoutons que les consonnes, adjointes aux voyelles, en caractérisent les sons d'une manière toute spéciale, avec une netteté refusée aux modifications analogues, mais à peine perceptibles, dans les sons des instruments de musique artificiels. Ainsi l'instrument de musique naturel propre au langage, la voix humaine est bien supérieure à chacun de ceux-ci : outre, en effet, qu'elle est apte, par le chant, à produire la gamme comme eux tous, elle a l'avantage de former à elle seule une suite de sons de timbres différents, et d'affecter un même son diversement, comme nous venons de le dire. Nous avons encore à signaler le rôle de la ponctuation qui divise le discours en phrases musicales en même temps que grammaticales, et la phrase en fragments dont chacun fait sa partie dans l'ensemble harmonieux. Le rythme de ces développements phonétiques n'est pas soumis à la mesure de la musique proprement dite, et il n'est pas le même en vers qu'en prose. Nous touchons ici à la ligne de démarcation qui sépare les deux formes littéraires, et que de récentes écoles de poésie tendent inconsciemment à supprimer.

Quand on observe la diction d'un lecteur de prose, on remarque tout de suite que sa voix appuie sur certaines syllabes et passe plus légèrement et plus vite sur les autres ; c'est comme un vol avec des repos espacés. On appelle fortes les syllabes où appuie la voix, faibles celles où elle n'insiste pas. Dans la prose, les intervalles des syllabes fortes sont inégaux, uniquement mesurés par l'accélération ou le ralentissement de l'émotion chez le lecteur. Chaque membre de phrase qui offre une contribution bien déterminée au sens de la phrase entière s'achève sur une syllabe forte (la dernière de son mot final, ou la pénultième si la dernière est muette). La phrase se trouve ainsi divisée conformément à son sens, c'est-à-dire ponctuée, par des syllabes fortes principales, et les intervalles de celles-ci sont eux-mêmes divisés par des syllabes fortes secondaires dont chacune est la dernière ou la pénultième de certains mots importants. La diction est, de la sorte, accentuée plus ou moins, et par cela même nuancée, au moyen des temps d'arrêt où la voix appuie sur quelques syllabes et de ses passages sur les autres sans appuyer.

Les rapports de succession des syllabes fortes sont-ils musicaux ? En d'autres termes, l'oreille y trouve-t-elle un charme correspondant à quelque loi acoustique ? Assurément, car leurs intervalles sont rythmiques. Le rythme du langage est le lien chronique des temps d'arrêt de la voix sur les syllabes fortes, lien qui consiste dans un rapport tel entre les intervalles de ces temps que chacun de ceux-ci soit attendu de l'oreille et en satisfasse l'attente. Or l'expérience témoigne qu'une phrase bien faite offre précisément ce caractère de ne causer aucune déception à l'oreille ; aucune des divisions ne lui en paraît ni trop longue ni trop courte ; chaque membre de phrase, chaque période principale y est avec les autres en proportion, non pas strictement préfixée, mais variable dans une limite assignée par la succession des périodes précédentes. C'est cette variabilité même qui, avec l'absence de consonances régulières, distingue essentiellement la prose du vers dans la langue française.

Tout d'abord on est tenté de se demander quel avantage il peut y avoir pour le style, c'est-à-dire pour l'expression, à changer quoi que ce soit à la phonétique de la prose. Cette phonétique, en effet, est régie à la fois par le sens de la phrase et par l'émotion de l'écrivain qu'interprète le lecteur. La phrase de prose se divise selon l'ordre des idées et règle son allure sur la vivacité des sentiments ; le style en est donc adéquat à l'état psychique de l'écrivain, état sympathiquement reproduit chez le lecteur, qui le communique à son auditoire. Que demander de plus au langage ? Que peut-il gagner à modifier son régime normal ? On est d'autant plus tenté

Sully Prudhomme

de se poser cette question que, chose remarquable, les plus récentes écoles de poésie retournent inconsciemment à la prose (du moins pour l'oreille du public) par leur curieuse recherche du mode d'expression littéraire le plus efficace. La sélection qu'ont opérée entre toutes les formes possibles du vers français les innombrables essais des poètes antérieurs, ces écoles l'abolissent comme erronée, restrictive à tort des ressources de la versification. Or il arrive que, en multipliant les espèces de vers, par cela même elles cessent de versifier. Elles ne s'en aperçoivent pas, et cela s'explique : il y a de l'harmonie dans la prose même, dans toute phrase bien faite, dans tout membre d'une pareille phrase, dans beaucoup de mots ; leur retour à la prose n'est donc pas inconciliable avec les besoins esthétiques de l'ouïe, et dès lors, si la versification a pour but de la satisfaire, n'importe quel arrangement harmonieux de mots leur semble pouvoir être considéré comme un vers à la seule condition d'être rimé et isolé, sur le papier, de ce qui le précède et de ce qui le suit. Sauf par la rime, l'art des vers ne relève plus, dès lors, que de la typographie ; certaines éditions de poésies récentes en font foi, à cela près que la majuscule initiale de chaque vers est supprimée, parce qu'elle est en usage dans les éditions des poésies arriérées et que d'ailleurs elle n'est pas indispensable pour l'isoler. Ces écoles paraissent oublier que le but de la versification n'est pas seulement de satisfaire l'oreille, que l'objet propre de cet art est de la satisfaire le plus qu'il est possible par le langage, grâce à une phonétique toute spéciale, éminemment distincte de celle de la prose, et découverte après des tâtonnements si nombreux qu'il n'y a désormais aucune chance d'y rien pouvoir innover de fondamental. Examinons donc cette phonétique et rendons-nous compte des services qu'elle rend à l'expression des états de l'âme.

Chapitre IV

La versification est, d'une part, très favorable à cette expression en ce qu'elle est la forme littéraire la plus musicale que puisse affecter le langage ; mais, d'autre part, comme elle n'est pas spontanée, elle entre en conflit avec la phonétique normale, qui s'offre la première à l'écrivain ; elle a donc une tendance à fausser le style. On le constate aisément dans les vers composés sans aptitude ni expérience par des prosateurs excellents du reste ; leur style y est devenu étonnamment plat. Il faut un don natif, développé par un long exercice, pour s'exprimer en vers avec la même fidélité à sa pensée, avec le même air d'aisance qu'en prose. Ce qui rend la médiocrité plus odieuse dans la première de ces formes littéraires que dans la seconde, c'est que le style y perd jusqu'à la sincérité. Dans le langage des vers la maladresse fait mentir. Tandis que, en prose, la pensée moule elle-même sa forme, elle la reçoit du vers mesurée d'avance ; c'est à elle à s'y ajuster. Quand elle n'y réussit pas, elle est gênée et, par suite, aliène son caractère propre, ne semble plus ni originale ni distinguée. On devine tout de suite qu'elle a endossé un habit qui n'était pas fait pour elle. Souvent, dans l'espoir d'éviter cet inconvénient, elle préfère se travestir, surprendre, éblouir par le clinquant. Pour la pensée du vrai poète, le vers n'est ni une camisole de force ni un costume ; il est le vêtement qui lui sied, un manteau royal qu'il faut savoir draper et que la roture intellectuelle et morale ne portera jamais bien.

L'avantage du vers sur la prose rachète amplement le danger que le style y court de se fausser ; l'harmonie qui lui est propre se rapproche plus de la musique proprement dite et y gagne des ressources d'expression étrangères à la prose. La versification confère à la phrase certaines qualités phoniques empruntées à cette musique, et possède par là de plus sûrs moyens de créer pour l'oreille des attentes satisfaites et des surprises délectables. Ainsi dans le vers le rythme, étant plus régulier que dans la prose, rend l'ouïe plus exigeante et, par suite, plus sensible au plaisir qu'il lui promet et lui apporte. Les consonances, d'autre part, accidentelles et choquantes dans la prose, sont régularisées à leur tour et mises à profit dans le vers ; ce sont les rimes. Suffisantes, elles satisfont aussi des attentes qu'elles ont créées pour l'ouïe, et en outre, rares et riches, elles la surprennent agréablement.

Le son peut varier en chacune de ses qualités (intensité, hauteur, timbre) et, de plus, occuper des positions successives sur la trajectoire du temps écoulé, se déplacer plus ou moins vite dans la mémoire. Le son vocal est donc susceptible de variations intrinsèques et de plus comporte un mouvement. Or les premières peuvent servir de jalons au second, en marquer des divisions ; de là le rythme, mouvement phonique divisé en intervalles jalonnés par des variations dans la qualité du son. Chaque intervalle s'annonce à l'oreille, est mesuré d'avance et attendu par elle. Il en faut donner la raison. Dans toute phrase bien faite, la logique même de la construction fait croître jusqu'à la fin l'intérêt qui s'attache au sens ; par suite, l'animation de la parole, le mouvement de l'âme communiqué à la diction, loin d'avoir été épuisé par la période achevée, s'y est, au contraire, accéléré, et cette accélération prédétermine l'essor de la voix réservé à la période suivante. C'est pour cela qu'il en coûte toujours au lecteur ou au récitateur d'interrompre brusquement son débit ; il est obligé de retenir sa voix, qui est comparable à un mobile ayant une vitesse acquise. De là vient encore que le débit tend toujours à se précipiter, jusqu'à ce que le souffle manque et cesse de servir l'animation croissante de la pensée. Les syllabes fortes sont celles où la vitesse acquise par la voix en glissant sur les autres s'accumule périodiquement. L'art de dire consiste pour beaucoup à contenir l'essor de la voix pour ne pas accélérer le rythme au détriment de la clarté du débit. Ainsi le mouvement passionnel communique à la voix un certain essor dont elle dispose au début de chaque nouvel intervalle du rythme. Mais qu'est-ce qui prédétermine la durée de chacun ? C'est le souvenir de celle du précédent. Non pas que l'une soit toujours tenue d'être égale à l'autre ; dans le rythme de la prose, le rythme spontané, que nous visons d'abord, il suffit que l'essor de la voix fournisse au développement logique de la pensée un développement phonique de la phrase proportionné de telle sorte que celui-ci, dans chaque intervalle, ne semble à l'oreille ni trop long ni trop court relativement aux intervalles antérieurs, car l'unité même du sens de la phrase en rend toutes les parties solidaires. Dans le rythme du vers les intervalles sont prédéterminés par d'autres conditions à remplir, plus rigoureuses : ce sont les conditions du rythme régulier. Il nous faut les déterminer.

Le clavier du poète n'est pas composé de notes séparément disponibles, comme celui du musicien ; il l'est, au contraire, de groupes de sons tout assemblés. Une rapide analyse des modes de succession, des variations de mouvement qu'affectent les éléments du langage fera pressentir combien il s'y rencontre d'inégalités essentielles que le rythme doit vaincre ou s'assimiler pour se régulariser.

Le développement spontané de la phrase est un mouvement varié et discontinu. Il procède par des émissions de voix qui sont toutes distinctes, plusieurs distantes les unes des autres, et dont chacune pose un élément verbal, à savoir une voyelle, simple ou indivisément combinée avec une articulation, qui est la consonne. Cet élément, c'est la syllabe. Dans la diction d'une même phrase les syllabes ne se suivent pas toutes immédiatement et n'ont pas toutes la même durée d'émission. Elles forment des groupes séparés. D'abord elles s'assemblent en mots, et c'est dans le mot seulement qu'elles peuvent se succéder sans aucune intermittence. Les mots d'un même membre de phrase sont séparés par des silences, mais fort courts, presque nuls, car ils se distinguent assez les uns des autres par la connaissance qu'on possède déjà de chacun d'eux. Les membres de phrase qu'ils forment ont besoin d'être séparés davantage pour être distingués, parce que ces groupes-là n'ont pas de physionomie fixe et reconnaissable ; ils se renouvellent sans cesse. Leur séparation se fait par une insistance de la voix sur certaines finales, par des syllabes fortes comme nous l'avons signalé plus haut ; en outre, chaque syllabe forte est suivie de quelque silence où la voix maîtrise et reprend son essor.

Rappelons enfin que, dans les mots qui se terminent par la voyelle *e* (emuet), il arrive que celle-ci s'affaiblisse au point de ne presque plus être prononcée, comme, par exemple, à la fin des phrases, et de n'être plus comptée comme un son à la fin des vers, ou bien s'élide, c'est-à-dire s'absorbe entièrement dans la syllabe initiale du mot suivant, s'il commence par une voyelle.

À titre de matériaux premiers, irréductibles du langage, les syllabes fournissent une division naturelle à la durée phonique de la phrase. Ce qui dure, en effet, plus ou moins, ce sont les émissions successives de la voix, et chaque syllabe en représente une. Toutefois, aucune ne saurait servir d'unité de temps à la mesure du rythme, car la durée d'émission de voix varie pour une même syllabe selon que celle-ci y est forte ou faible. Nous aurons donc à chercher comment se mesure le rythme régulier pour le définir.

Sully Prudhomme

Chapitre V

On ne peut ni supprimer le rythme du langage ni en régulariser exactement les périodes. D'une part, en effet, une diction tout uniforme aurait pour conséquence de rendre indistinctes les divisions logiques de la phrase, de la désorganiser, ce qui nuirait à la clarté ; d'autre part, une diction rythmée avec une régularité parfaite supposerait une phrase grammaticalement divisée d'une manière presque irréalisable d'après les observations précédentes, et ne pourrait, d'ailleurs, se concilier avec le rythme irrégulier prescrit à la phrase par son sens même, qui la divise logiquement. Si l'on veut faire bénéficier le style des propriétés éminemment expressives du rythme régulier, qui est plus musical que celui de la prose, force est donc de transiger avec l'un et avec l'autre, d'adopter un moyen terme. Aussi, par un compromis instinctif, les créateurs de la phonétique du vers ont-ils, en transformant la prose, renoncé à régulariser toutes les périodes du rythme de celle-ci. Ils les ont respectés en partie, les laissant se ranger par groupes spontanés, mais dans des cadres fixes, dans les périodes plus amples d'un rythme régulier, de sorte que les finales fortes de ces groupes fussent seules tenues de coïncider avec les temps forts de celui-ci, coïncidence qui détermine la place de la césure et celle de la rime. Dans les hémistiches mêmes l'oreille cherche encore, instinctivement, à régulariser le rythme ; mais si elle ne le peut elle s'y résigne, et reconnaît qu'elle y trouve avantage. Cette transaction forcée profite, en effet, au vers ; il y gagne de la variété dans son unité, ce qui l'embellit.

L'oreille aime à la fois le nouveau, qui varie son plaisir, et le rappel de ce qui lui a plu ; elle en accueille le souvenir comme le retour d'un ami. Ces deux principes de jouissance opposés se concilient dans la perception musicale pour la rendre aussi agréable que possible, grâce à un troisième principe de jouissance auditive, à savoir le rythme, qui tempère le continuel changement des sons par une constante balance de leurs durées collectives dans la mémoire, et ajoute ainsi la confiance à la surprise. Cette synthèse compensatrice invite l'ouïe à une attente dont elle lui assure d'avance et lui procure la satisfaction ; elle la charme donc sans avoir à lui demander pour être perçue aucun effort sensible, propriété esthétique par excellence et capitale dans la théorie musicale du vers.

Pour l'ouïe, en effet, la condition, non pas suffisante, mais nécessaire du plaisir relève de la loi générale du moindre effort, régissant toutes les opérations instinctives, et peut se formuler comme il suit : les impressions successives du dehors sur le nerf acoustique, si nombreuses qu'elles doivent être pour déterminer un son, ne rendent agréable la simultanéité ou le rapprochement de deux sons qu'autant que leurs mesures numériques sont entre elles dans un rapport facile à percevoir, simple par conséquent. Les nombres relatifs de vibrations des sons constitutifs de la gamme en témoignent, ainsi que la périodicité des battements de la mesure. Cette loi s'applique, nous en sommesconvaincus, à la phonétique du vers pour y déterminer l'unité de mesure du rythme régulier et la place de la césure. Si nous parvenions à démontrer que tout le charme musical du vers et toute sa structure spontanée s'expliquent par la combinaison des trois principes naturels sus-énoncés, la versification aurait trouvé une discipline impersonnelle et serait soustraite aux innovations capricieuses.

Toutes les analyses précédentes nous ont préparé à tenter une formule précise des lois du rythme, tant régulier qu'irrégulier, dans le vers, c'est-à-dire à expliquer rationnellement la structure même de celui-ci. Nous pouvons d'abord définir avec exactitude la régularité du rythme. Elle consiste en ce que la durée de la période qui commence est égale à la durée de la précédente, conservée dans la mémoire, ou bien possède avec elle un commun diviseur. Quant au rythme irrégulier, la définition que nous en avons donnée plus haut peut suffire à notre objet. Dans la parole, les silences n'intéressent pas la proportion des périodes rythmiques ; un silence peut, sans en modifier les rapports, se prolonger plus ou moins, pourvu qu'il n'altère pas la netteté du souvenir des sons, car seuls les sons importent ici. D'une part, en effet, les silences entre les mots sont d'une durée minime, négligeable, et les silences entre les membres de phrase et entre les phrases ajoutent à la puissance expressive du langage sans rien ajouter aux durées consécutives du rythme. On peut, par exemple, sans atteinte à celui-ci, suspendre la diction d'un vers à la césure aussi longtemps quepersiste avec netteté le souvenir purement phonique du précédent hémistiche.

C'est, nous l'avons déjà fait observer, une décision instinctive de l'ouïe, prise pour la commodité de la perception et motivée par la puissance moyenne de la mémoire auditive, qui a limité dans le vers le nombre des périodes fixes. Il a été spontanément borné à deux par le commun usage. Ces deux périodes consécutives, dont se compose la durée totale du rythme régulier dans le vers, constituent les hémistiches et forment pour l'oreille un tout, une seule et même perception embrassant à la fois l'impression présente de l'un et le souvenir encore présent de l'autre. La régularité du rythme plaît par la comparaison spontanée de ces deux éléments dans la perception collective. Mais quelle est, pour un même vers, l'unité de temps qui permet de les comparer ainsi, qui mesure les périodes du rythme régulier, c'est-à-dire les durées respectives des hémistiches ? Un vers peut être débité plus ou moins rapidement, mais, quelle que soit la vitesse de la diction, ces durées y demeurent dans un rapport qui ne saurait être arbitraire, sans quoi il n'y aurait pas de régularité possible pour le rythme. Or, d'une part, nous savons que pour un même vers, une même syllabe variant de durée selon que sa place l'y rend faible ou forte, la durée d'aucune n'y peut servir d'unité de mesure aux périodes rythmiques ; mais, d'autre part, le rythme régulier suppose un commun diviseur de leurs durées respectives ; il faut donc que la somme des durées syllabiques comprises dans l'unité de mesure rythmique soit constante. C'est effectivement ce qui a lieu. On peut le vérifier sur le vers suivant, par exemple :

Le ciel n'est pas plus pur que le fond de mon cœur,

où l'observation est facile, car toutes les syllabes sont comptées par les mots mêmes. Il suffit d'y considérer les trois syllabes *que, le, de* ; elles seront aussi faibles que la voix voudra les faire, jusqu'à devenir presque tout à fait nulles ; mais plus la voix y passera vite, plus, instinctivement, elle insistera, par compensation, sur les syllabes fortes *fond* et *cœur,* afin que la durée du second hémistiche soit égale à celle du premier, l'unité de durée étant ici la durée de chacun d'eux. Ainsi, quand le nombre de syllabes requis pour constituer un vers a été exactement compté par les doigts, l'oreille y trouve aussi son compte : elle rattrape par la durée des unes ce qu'elle perd par celle des autres.

Chapitre V

En réalité il existe pour la versification autant d'unités de mesure rythmique différentes qu'il s'y applique d'espèces différentes de rythmes. Chaque sorte de vers a son rythme propre, régulier ou irrégulier, et chaque rythme régulier a ses modes propres de mesure. Toute unité de mesure rythmique est faite des durées inégales de plusieurs syllabes ; mais, par contre, la somme de ces diverses durées y demeure constante. Quelle que soit l'unité de mesure rythmique, unité de durée des hémistiches, elle n'est pas arbitraire, elle est prescrite par les conditions mêmes que lui impose la loi du moindre effort. Cette unité de temps est tenue de partager la durée totale du vers de manière à y rendre aisément comparables pour l'oreille les durées respectives des deux hémistiches, à lui simplifier cette opération dans les limites suffisantes pour en bannir toute conscience d'effort.

Chapitre VI

Voici les trois lois rationnelles de ce partage dérivées de celle du moindre effort et instinctivement suivies dans l'évolution historique du vers pour y assigner sa place à la césure ; des exemples tous empruntés, sauf un, au *Petit Traité de Poésie* de Théodore de Banville, et très bien choisis par lui, les éclairciront et les contrôleront.

Première loi.

Les durées respectives des hémistiches sont entre elles dans le même rapport que les nombres respectifs de syllabes dont ils sont composés, de sorte qu'on ne pourrait pas, dans un vers, supprimer une de celles-ci et en reporter la durée sur la suivante ; substituer, par exemple, une syllabe forte à deux faibles en ajoutant à la seconde la durée de la première. Inversement, on ne pourrait pas non plus substituer deux syllabes faibles à une forte. La raison de cette loi, c'est que la proportion fixe des nombres d'émissions de voix est une condition essentielle de la jouissance auditive au même titre que la proportion fixe de leurs durées collectives dans les hémistiches ; l'oreille aime la mesure dans la répétition comme dans la durée et ne sacrifie pas l'une à l'autre.

Cette loi se vérifie par le procédé habituel des poètes pour mesurer les vers. Ils ne considèrent que le nombre des syllabes ; l'instinct de l'oreille chez eux atteste donc que la mesure du vers français est déterminée par ce nombre.

Deuxième loi.

Dans les vers d'un nombre pair de syllabes, assez longs pour comporter un rythme régulier, la césure partage le vers de manière que les deux nombres respectifs de syllabes afférents aux hémistiches aient un commun diviseur, et l'unité de mesure du rythme est déterminée par le plus grand commun diviseur de ces deux nombres.

Moins le vers compte de syllabes, plus l'unité de durée rythmique est aisément discernable pour l'oreille. Celle-ci, afin d'en simplifier la perception dans les plus longs vers, choisit, parmi tous les partages que le vers comporte, celui qui offre l'unité de durée la plus grande, c'est-à-dire déterminée par le plus grand commun diviseur des deux nombres de syllabes constituant des hémistiches égaux ou le moins possible inégaux. Dans le premier cas, elle est marquée par la position même de la césure ; dans le second, elle n'est pas accusée par la position de la césure, mais elle en résulte.

Vérifions cette loi sur les vers d'un nombre pair de syllabes spontanément adoptés par l'usage.

Le vers de douze syllabes est évidemment soumis à cette loi, puisque la césure en répartit également les syllabes entre les deux hémistiches ; son unité de mesure est ainsi la moitié de sa durée totale, par conséquent déterminée par le plus grand commun diviseur qu'une seule césure puisse attribuer aux hémistiches en partageant ce vers. Le partage le moins inégal par une seule césure serait celui où les hémistiches auraient l'un cinq syllabes et l'autre sept ; car ainsi chacun d'eux ne différerait de la moitié du vers que d'une syllabe. Si l'oreille, instinctivement, a répudié ce partage, c'est qu'il prive le vers de tout rythme régulier (les nombres 5 et 7 étant premiers entre eux) alors qu'il en comporte un qui s'offre à elle tout d'abord comme le plus simple à percevoir, le seul d'ailleurs pour une seule césure.

Le vers de dix syllabes comporte aujourd'hui deux modes de divisions différents, l'un tout spontané où la césure se place après la quatrième syllabe, l'autre plus rare (nous dirons pourquoi) où elle se place après la cinquième.

Voici un exemple du premier mode, tiré de Victor Hugo :

> *L'Amour forgeait. — Au bruit de son enclume,*
> *Tous les oiseaux, — troublés, rouvraient les yeux.*

Ces vers ressortissent au second cas visé par la loi. En effet, les deux hémistiches sont inégaux, et ils le sont le moins possible, car une seule syllabe ajoutée au premier hémistiche ou retirée au second suffirait pour détruire entre eux l'inégalité. En outre, le vers a un hémistiche de quatre syllabes, et l'autre de six, nombres dont le seul commun diviseur autre que l'unité, partant le plus grand, est 2, et c'est ce nombre 2 qui détermine l'unité de mesure du rythme régulier de ce vers, car c'est le rapport de ses multiples 4 et 6 qui exprime celui des durées respectives des deux hémistiches.

Le second mode de division se rapporte au premier cas visé par la loi, en voici un exemple tiré d'Alfred de Musset :

> *J'ai dit à mon cœur, — à mon faible cœur :*
> *N'est-ce point assez — de tant de tristesse ?*

La césure répartit les syllabes du vers également entre les deux hémistiches ; mais comme le nombre 5 de syllabes de chacun d'eux est premier, le rythme en est forcément irrégulier, tandis que chaque hémistiche du vers de douze syllabes, divisible par 2 et par 3, comporte deux rythmes réguliers secondaires, ce qui le rend bien plus aisément perceptible à l'oreille. Il est donc naturel que la césure ne se soit pas aussi spontanément placée au milieu du vers de dix syllabes qu'au milieu de l'alexandrin.

Avec le vers de huit syllabes, qui est d'une longueur moyenne, commence la série de ceux qui n'exigent aucun arrangement préconçu de leurs syllabes pour obéir aux lois phonétiques du vers français, dérivées de celle du moindre effort. En réalité et à proprement parler, toutes les syllabes fortes d'un vers quelconque déterminent après elles une césure ; cependant, ce nom n'est donné par les poètes qu'aux points de coïncidence des temps forts du rythme régulier avec ceux du rythme irrégulier, parce que la voix accuse la césure plus nettement là qu'ailleurs, sur l'indication du sens même de la phrase, qui s'y divise naturellement. Quand nous parlons de la césure, nous entendons celle dont ils se préoccupent ; or, même en nous plaçant à leur point de vue, nous signalerons des césures dans les vers de moins de dix syllabes, où ils n'en remarquent pas ordinairement parce qu'ils sont dispensés de pourvoir eux-mêmes à les placer.

Pour composer ces vers, et particulièrement celui de huit syllabes, les poètes n'ont souci que d'accommoder le double développement, logique et verbal, de la pensée au nombre fixe des syllabes ; les divisions rythmiques, quelque place que prenne la césure, sont nécessairement conformes à ces lois par les propriétés mêmes de ce nombre. Ainsi, un corps de phrase quelconque de huit syllabes, qu'on le nomme vers ou prose, ne peut pas ne pas procurer à l'oreille, de quelque façon que se placent ses syllabes fortes, la perception la plus aisée possible, et la satisfaction la plus complète possible. En tant que vers, il offre même cette particularité de comporter, bien que ses syllabes soient en nombre pair, deux sortes de rythme irrégulier, conformes à la troisième loi énoncée plus bas.

Voici un fragment d'une strophe de Victor Hugo, offrant toutes les divisions rythmiques dont le vers de huit syllabes est susceptible :

> *1 Ainsi — ce souvenir qui pèse*
>
> *2 Sur nos ennemis — effarés ;*
>
> . . . .
>
> *3 Cette incompara — ble fortune,*
>
> *4 Cette gloir — e aux rois importune,*
>
> *5 Ce nom si grand, — si vite acquis,*
>
> *6 Sceptre uniqu — e, exil solitaire,*
>
> *7 Ne valent pas — six pieds de terre*
>
> *8 Sous tes canons — qu'il a conquis.*

On pourrait, sans fausser la diction, assigner dans quelques-uns de ces vers une autre place à la césure ; dans le premier, par exemple, la placer après la sixième syllabe : « *Ainsi ce souvenir — qui pèse ; »* mais, dans tous les cas, le nombre de huit syllabes impose à tous une coupe nécessairement conforme aux lois du moindre effort. Le vers se divise, en effet, toujours soit en deux hémistiches dont les nombres respectifs de syllabes égaux ou inégaux, mais pairs, ont un plus grand commun diviseur : à savoir 2 ou 4 (vers 1er, 5e, 7e et 8e) ; soit en deux hémistiches dont les nombres inégaux et impairs des syllabes, 3 et 5, premiers entre eux, sont le moins inégaux possible (vers 2e, 3e, 4e et 6e).

Grâce à tant de ressources de mesure, ce vers est le plus souple de tous ; il serait aussi le plus harmonieux si la période rythmique était aussi ample que dans les vers de douze syllabes.

Le vers de six jouit des mêmes propriétés, sauf qu'il ne comporte aucun rythme irrégulier ; la césure peut le diviser en deux hémistiches égaux de trois syllabes chacun, ou en deux hémistiches inégaux, mais pairs, ayant pour plus grand commun diviseur le nombre 2. C'est encore un groupe de syllabes qui ne peut pas ne pas remplir les conditions les plus favorables à l'oreille. Il est donc naturel que l'alexandrin, dont chaque moitié en est formée, se soit offert et recommandé aux promoteurs de l'évolution du langage poétique en France. Remarquons toutefois que le groupe de six syllabes commande une diction appropriée à son rôle, selon qu'il constitue un vers ou seulement un hémistiche, selon que le rythme s'achève en lui ou attend d'une période complémentaire sa résolution, car l'essor de la voix influe sur l'accentuation, et n'a pas à se ménager dans le premier cas comme dans le second. Le lecteur, pour le constater, n'a qu'à réciter les vers suivants, de Ronsard :

> *Nulle humaine prière*
> *Ne repousse en arrière*
> *Le bateau de Charon,*
> *Quand l'âme nue arrive*
> *Vagabonde en la rive*
> *De Styx ou d'Achéron.*

Spontanément, il accentuera en chacun d'eux la syllabe rimée

Sully Prudhomme

(la masculine surtout), plus que s'il avait affaire à un premier hémistiche d'alexandrin. Cette observation s'applique à tout groupe de syllabes susceptible également d'être un vers ou d'entrer dans un vers.

Le vers de quatre syllabes, dont voici un spécimen, de Théodore de Banville :

> *L'air — illumine,*
>
> *Ce front — rêveur.*
>
> *D'une — lueur*
>
> *Tris — te et divine.*

ou bien :

Triste et — divine,

est trop court pour ne pas satisfaire l'oreille par sa division, quelle que soit la place de la césure, car celle-ci ne peut exister qu'après la première ou la seconde syllabe (celle qui rime, étant toujours forte, dispense toujours la troisième de l'être), et dans ces deux cas il se divise nécessairement en deux parts égales, ou le moins possible inégales.

Ce vers deviendrait d'une intolérable monotonie s'il avait toujours la césure en son milieu, car sa brièveté le prive de rythme irrégulier dans ses hémistiches ; par là, il démontre avec évidence toute l'utilité de la combinaison de ce rythme avec le régulier dans la composition du vers. — Le vers de deux syllabes n'existe que par la rime.

Troisième loi.

Dans le vers d'un nombre impair de syllabes, la césure se place de manière à répartir les syllabes du vers le moins inégalement possible entre les deux hémistiches. Comme, dans ces conditions, il n'y a pas, entre les nombres respectifs de syllabes afférents à ceux-ci, de commun diviseur autre que 1, le rythme est forcément irrégulier, mais l'unité de mesure en est la plus grande possible.

Ce qui la détermine, c'est donc le plus grand commun diviseur approximatif entre ces deux nombres, celui qui laisse le moindre reste. Or, ce reste, l'ouïe l'utilise instinctivement pour résoudre en symétrie l'inégalité rythmique ; à cet effet, une syllabe, qui le représente, est isolée par la diction au milieu du vers entre deux syllabes de valeur différente de la sienne, de manière que les deux autres durées soient égales de part et d'autre. Ainsi, dans la versification, le rythme irrégulier est rendu symétrique, ce qui le rapproche le plus possible de la régularité, conformément à la loi du moindre effort.

Vérifions ces règles.

Le commun usage n'admet de vers à nombre impair de syllabes que ceux de sept, cinq et trois ; une seule syllabe ne fait vers que par la rime. Prenons, pour exemple du vers de sept syllabes, le fragment suivant de l'*Amour mouillé* de La Fontaine :

---

*J'étais cou*ché — *mollement,*

Et, contre — **mon** *ordinaire,*

Je dormais — **tran***quillement.*

*Quand un en*fant — *s'en vint faire*

À ma por — **te** *quelque bruit.*

La césure se place toujours après la troisième ou la quatrième syllabe, c'est-à-dire, conformément à la loi, de manière à diviser le vers le moins inégalement possible, chaque hémistiche ne différant de la moitié du vers que d'une syllabe. En outre, la syllabe médiane du vers (marquée en romain) est toujours placée entre deux faibles si elle est forte, entre deux fortes si elle est faible, selon qu'elle est la dernière du premier hémistiche ou la première du second.

De même dans le vers de cinq syllabes, dont voici un exemple emprunté à Gaspard de la Nuit :

Sully Prudhomme

> *Gothi* — que *donjon*
>
> *Et flè* — che *gothique,*
>
> *Dans un* ciel — *d'optique,*
>
> *Là-bas,* — c'est *Dijon…*

la césure, se plaçant d'elle-même après la seconde ou la troisième syllabe, divise encore le vers le moins inégalement possible et la syllabe médiane est accentuée autrement que ses deux voisines.

Quant au vers de trois syllabes, il n'est point à partager plus ou moins inégalement ; il implique le rythme irrégulier au degré le plus simple possible, et n'en comporte pas d'autre.

Ainsi nous avons constaté l'application des trois lois dérivées de celle du moindre effort à la phonétique instinctive du vers tel que l'a fait une évolution rationnelle. À la lumière des mêmes principes on s'explique aisément pourquoi les vers de neuf, onze et treize syllabes n'ont pas été communément adoptés par l'oreille.

Banville cite de Scribe un morceau tout en vers de neuf syllabes à deux césures déterminant trois divisions rythmiques égales. Notre confrère Auguste Dorchain nous a signalé un exemple plus autorisé : c'est une chanson de Malherbe dont chaque couplet a ses deux premiers vers de neufs syllabes aussi, avec la même coupe. Voici l'un d'eux :

> *L'air est plein* — *d'une halei* — *ne de roses,*
>
> *Tous les vents* — *tiennent leurs* — *bouches closes,*
>
> *Et le soleil semble sortir de l'onde*
>
> *Pour quelque amour plus que pour luire au monde.*

Cette double césure est spontanément préférée par l'oreille à une seule après la quatrième ou la cinquième syllabe, parce qu'elle régularise le rythme ; mais, par contre, les divisions rythmiques sont trop courtes pour ne pas très vite obséder l'oreille en la frappant trois fois de suite, car la variété y est sacrifiée à la répétition. Aussi Malherbe s'est-il bien gardé de composer tout le couplet de pareils vers ; il n'y en a introduit que deux, prudence étrangère au lyrisme incontinent de Scribe. Remarquons que dans le vers de neuf syllabes il ne saurait y avoir une césure unique, située après la troisième syllabe ; les deux parts du vers seraient trop inégales pour que l'oreille n'attendît pas une césure de plus.

Onze étant un nombre premier, le rythme du vers de onze syllabes ne peut pas être régularisé. D'autre part, il ne se rythme pas symétriquement d'emblée comme, par exemple, le vers court de sept syllabes. Il devait donc être, par instinct, antipathique à l'oreille. Les vers de ce genre que cite Banville, et dont il est l'auteur, n'engagent point à les imiter et il n'a fait qu'y exercer en passant son art curieux et prodigieusement souple :

> *Les sylphes légers — s'en vont dans la nuit brune*
> *Courir sur les flots — des ruisseaux querelleurs,* etc.

Enfin les vers de treize syllabes qu'il cite, de lui également :

> *Le chant de l'Orgie — avec des cris au loin proclame*
> *Le beau Lysios, — le dieu vermeil comme une flamme,* etc.

ne l'ont pas satisfait au point de l'induire à user de ce mètre, sauf par exception et par recherche de tout le possible en versification. L'oreille y répugne par les mêmes motifs qu'au vers de onze syllabes. Quant aux vers plus longs encore, ils l'obligent à une synthèse qui la fatigue ; par suite, elle en traite instinctivement chaque hémistiche comme un vers distinct, et le rappel trop lointain de la rime ne l'en empêche pas.

Il résulte de cette analyse que toute innovation désormais tentée dans la phonétique du vers ne saurait aboutir qu'au simple démembrement d'une forme préexistante ou à un retour à la prose, à moins que l'acoustique ne change.

Chapitre VII

Nous ignorons les origines les plus reculées, les bégaiements de la versification, mais nous pouvons deviner à peu près ces premières phases de son histoire en les inférant des seuls intérêts de l'ouïe. Un sens ne va jamais contre ses intérêts. Quand l'oreille de nos pères dans leur langage ordinaire eut discerné par son plaisir des membres de phrase que le hasard y avait dotés d'un rythme régulier, leur esprit fut naturellement porté à organiser les conditions phonétiques de cette jouissance pour la ressentir à volonté et le plus possible. On peut être assuré qu'il y eut dès lors des tentatives de rythmer régulièrement toutes les phrases du discours. Or le renouvellement des mêmes impressions est agréable à l'ouïe ; elle aime à retrouver une sensation agréable plus encore peut-être qu'à la rencontrer pour la première fois, car au plaisir de la rencontre s'ajoute celui de la reconnaissance, dans la double acception du mot. C'est ce dont témoignent, pour la durée, l'importance de la mesure en musique et, pour la sonorité, celle des refrains dans les chansons populaires nées des instincts auditifs. Par suite, on fut enclin à répéter le rythme dans la même phrase au lieu de l'y changer ; en outre, le rythme irrégulier de certains membres de phrase, lequel, au fond, ne différait en rien de celui de la prose, gagna pour l'ouïe un charme nouveau. D'abord le nombre constant des syllabes requis dans les vers de même espèce amène une répétition agréable à l'ouïe ; mais remarquons surtout qu'il y a chez le récitateur tendance à scander davantage le rythme irrégulier d'un membre de phrase engagé dans une composition régulièrement rythmée : l'unité même de cette composition l'y entraîne, de sorte qu'un fragment de prose de sept syllabes, par exemple, devient par influence et par destination plus musical dès qu'il doit figurer dans un poème à titre de vers ; son nouveau baptême le transfigure, mais sans y rien changer d'essentiel ; la diction seule varie.

Le besoin de répéter le rythme régulier ou irrégulier d'un membre de phrase dans le suivant devait prescrire des bornes au nombre des syllabes rythmées composant ce fragment du discours. C'est en effet par la mémoire que l'oreille jouit du rappel de ses perceptions ; aussi, plus le souvenir en sera facilité, plus la jouissance de leur retour sera vive et assurée. Il importait donc que la longueur de l'étalon rythmique à retenir n'excédât pas les limites fixées à la portée d'un souvenir auditif tenu de demeurer aussi net que possible. Ajoutons qu'il suffit de deux hémistiches à l'oreille pour qu'elle jouisse d'un rythme ; aussi n'en réclame-t-elle pas davantage : c'est ce qui la détermine à ne pas désirer deux césures dans les vers.

Il y eut donc un maximum assigné au nombre des syllabes constitutives de cet étalon, maximum déterminé par l'étendue moyenne de la mémoire auditive chez l'homme. Notons enfin que, l'observation des temps du rythme et de son unité indiquant que le vers fût dit tout entier d'une seule haleine, la puissance normale d'une expiration devait prescrire une limite au nombre de ses syllabes. Chaque provision d'air ne peut fournir qu'un nombre restreint d'émissions de syllabes, indépendant d'ailleurs de la vitesse avec laquelle ces émissions se succèdent. Ces conditions remplies, le vers n'avait pas encore atteint toute sa perfection technique. C'est la rime qui la lui conféra. La rime avait, sans doute, précédé la complète institution du rythme régulier, à l'état de simple consonance surprenant l'oreille agréablement, mais sans encore y créer d'attente. Elle dut s'imposer de très bonne heure au perfectionnement du rythme par sa double propriété de marquer les temps séparatifs des vers avec précision et de les marquer par un plaisir, celui que procure toute répétition préfixée d'un son. Ce plaisir est d'autant plus vif qu'il y entre plus d'agréable surprise et qu'il remplit mieux sa fonction dans le rythme. L'avantage des rimes riches sur les rimes pauvres ressort trop clairement de cette analyse pour que nous y insistions. Il arrive néanmoins que certains mots riment trop. C'est que la rime tend alors à les identifier, ce qui lèse l'auditeur dans son attente même, car, s'il jouit de la répétition, il ne jouit pas moins de la diversité dans l'unité, et il désire ne sacrifier aucune de ces satisfactions à l'autre ; il faut réussir à les lui donner ensemble en faisant à chacune sa juste part, que mesure le sens esthétique, sens des proportions. Avec le rythme régulier, la fixation du nombre des syllabes et la rime, le vers était déjà si bien constitué qu'il semblait avoir réalisé, dans les œuvres des grands poètes du XVIIe siècle, tout ce que sa forme peut donner d'expression passionnelle. Il était cependant, à cet égard, susceptible d'en accroître encore les ressources, comme l'ont prouvé les heureuses innovations d'André Chénier, et, dans ce siècle, celle de plusieurs poètes éminents, du plus hardi surtout, Victor Hugo. Nous ne citons pas Lamartine, parce que, au point de vue tout spécial où nous nous plaçons, au point de vue de la technique des vers, il est demeuré fidèle à la facture classique ; et c'est à l'honneur de celle-ci qu'elle lui ait suffi pour introduire dans son vers une harmonie toute nouvelle. Quant à Alfred de Musset et Théophile Gautier, pour ne nommer que ceux-là, ils n'ont pas non plus introduit une technique nouvelle en poésie.

Si l'on écarte certains excès de révolte où Victor Hugo dépasse le but que son génie même d'initiateur assignait à sa mission véritable, on peut la définir assez exactement. Il ne réforme pas les lois naturelles de l'expression poétique des mouvements de l'âme, il s'y conforme, au contraire, avec plus de précision que ses prédécesseurs. Dans la phonétique du vers il a moins opéré une révolution que hâté l'achèvement d'une évolution nouée par la routine depuis la fin du XVIIᵉ siècle. C'est que, en effet, tous les mouvements de l'âme, de son âme en particulier, ne s'adaptent pas à la formule phonétique rigide que leur impose chaque espèce du vers, au rythme régulier, dont l'allure, par une fortuite concordance, s'est trouvée reproduire à merveille la démarche pondérée des beaux génies enrôlés à la cour de Louis XIV. La passion naïve a des sursauts qui démontent l'appareil de la versification classique ; elle a des essors brisés qui s'y dérobent ; elle a des élans brusques et brefs, suivis de subits affaissements, des palpitations saccadées, mille secousses qui désarticulent les anneaux de cette chaîne harmonique. Victor Hugo les compte encore pour l'oreille, mais leur rend l'indépendance, sans, toutefois, les rendre à la prose, ce qui tout d'abord semble incompatible. Il suffit, pour résoudre cette apparente contradiction, de bien définir et préciser l'indépendance qu'il leur rend. N'oublions pas que le rythme régulier du vers implique inévitablement dans ses périodes, dans les hémistiches, des fragments de rythme irrégulier, et que la césure seule, en y répartissant la durée entre les syllabes selon une proportion constante, différencie le vers de la prose. Or Victor Hugo exploite l'irrégularité des rythmes fragmentaires avec une maîtrise incomparable. Ces rythmes, dans le vers classique, avaient, en quelque sorte, aliéné toute leur musique individuelle à l'harmonie générale du rythme régulier qui les enserre et les entraîne dans son mouvement ; de là une tendance à la monotonie, un ronronnement qui assoupit la musique du vers. Victor Hugo rend à celle-ci la variété dans l'unité en restaurant les caractères

Chapitre VII

abolis du rythme irrégulier des hémistiches. Il sait conserver tout entière au style du vers la qualité la plus difficile à y sauvegarder, la pleine aisance, l'indépendance des battements du cœur marqués par les temps syllabiques ; d'autre part, il sait reconnaître à la discipline ses droits en imposant pour cadre à la troupe irrégulière des syllabes émancipées une rime sévère et solide. Il transpose l'importance relative attribuée, dans le vers traditionnel, à la césure et à la rime ; il la fait passer de l'une à l'autre ; dans son vers la césure n'est pas supprimée, mais elle ne relève plus de la syntaxe, elle n'est donnée que par la phonétique pure, par l'accent, indépendamment des attaches du mot à la phrase. L'expression passionnelle y gagne, parce que des mots particulièrement précieux pour le sens en débordant l'hémistiche sont mis en relief. Par exemple, dans ce vers du *Cimetière d'Eylau* :

> *Comme par une main noire, dans de la nuit,*
> *Nous nous sentîmes prendre…*

le qualificatif *noire* prend une valeur extraordinaire par cela seul qu'il excède la césure. Une pareille ressource manquait au langage du vers classique ; elle est une découverte de premier ordre. Mais il faut savoir en user, comme de tout rejet ; car c'en est un qui, au lieu de commencer au temps fort de la rime, commence au temps fort de la césure. Or le rejet n'est nullement destiné à faciliter la besogne du poète, il doit toujours procéder d'une intention d'art ; ce qu'il autorise, ce n'est pas sa commodité, c'est uniquement sa puissance expressive. Il peut témoigner d'un travail maladroit, négligé ou hâtif, tout autant que d'un travail habile et consciencieux. Là-dessus les ouvriers du vers ne sauraient espérer donner le change aux experts ; le lecteur novice est seul à s'y méprendre. Le rejet peut-il porter, non pas seulement sur un ou plusieurs mots, mais aussi sur une portion de mot, de sorte que le mot soit partagé entre les deux hémistiches ? Nous n'hésitons pas à répondre négativement s'il en doit résulter l'entière suppression de la césure, c'est-à-dire même la suppression du temps tort, indispensable pour marquer le rythme ; car, alors, c'est supprimer un des caractères essentiels du vers, celui qui, le premier, le distingue de la prose. Mais si la

Sully Prudhomme

portion rejetée est immédiatement précédée d'une syllabe que la diction puisse rendre forte au profit de l'expression, sans ridiculiser le mot, alors il n'existe plus aucune raison pour prohiber le rejet. Il est évident, par exemple, que dans un vers tel que celui-ci :

Je viens dans son temple adorer le Tout-Puissant,

l'interdiction se justifie d'elle-même par la loi fondamentale de la versification ; mais le rejet est très heureux dans le vers suivant de Théodore de Banville :

Elle filait pensi — vement la blanche laine.

Nos observations précédentes ont visé les différents cas de l'enjambement, dont la plus large définition comprend tous ceux du rejet. C'est, en général, l'impiétement fait, soit dans un même vers sur un hémistiche, soit d'un vers sur le suivant, par une ou plusieurs syllabes que la division spontanée du discours dispute à celle du rythme.

Pour épuiser notre sujet, il nous resterait à considérer les vers, non plus individuellement, mais dans leurs divers assemblages. Nous constaterions qu'un vers accouplé à un ou plusieurs autres de même espèce gagne en harmonie, parce qu'il entre par là dans un rythme nouveau dont il devient une période. Nous aurions à étudier les conditions musicales de la strophe, et l'influence que la solidarité des vers entre eux y exerce sur la facture de chacun. Nous remarquerions, par exemple, que le mode lyrique ne se prête pas aux enjambements. Victor Hugo n'en use guère que dans ses pièces à rimes plates. Mais nous nous sommes proposé seulement pour objet d'examen la technique intrinsèque du vers français. Encore n'avons-nous nullement approfondi la répercussion du rythme régulier sur toutes les valeurs syllabiques du vers ; la place, mais surtout la compétence requise et toute spéciale de linguiste et de musicien nous manquent pour traiter cette question.

Nous voici arrivé au terme de cet aperçu très borné. Le peu que nous avons tâché de mettre en lumière suffira toutefois, nous l'espérons, à faire réfléchir les novateurs de bonne foi qui tentent de perfectionner l'art des vers en le transformant. Peut-être reconnaîtront-ils que cet art, après la contribution capitale qu'il doit au génie de Victor Hugo, a reçu tout son complément, a épuisé tout le progrès que sa nature comportait. Tout ce qui le constitue c'est, en effet, la régularité du rythme principal, le nombre des syllabes qui en détermine chaque période et celui qui fixe la longueur du vers, puis le jeu du rythme irrégulier dans ce concert. Nous ne voyons pas d'autres éléments de la versification. Or, si notre analyse de ces éléments primordiaux est exacte, nous sommes, toute restreinte qu'elle est, autorisés à croire qu'ils avaient fourni leur dernier stade d'évolution au moment même où les récentes écoles de poésie ont entrepris d'en créer un nouveau ; quelque faute, du reste, que nous ayons pu commettre dans cette rapide étude, nous n'attachons de prix qu'à la méthode positive dont nous y avons essayé l'application. Elle oblige à définir, à préciser ; grâce à elle, si l'un des adversaires se trompe, il offre aux autres l'avantage de pouvoir surprendre l'erreur, car elle se présente sans nuage et de face. Nous serions heureux si les détracteurs de la phonétique traditionnelle du vers telle que Victor Hugo l'a laissée daignaient en suivre les partisans sur le terrain commun de l'analyse, le seul où les arguments opposés se rejoignent et se rencontrent, où la controverse aboutisse. De deux choses l'une : ou bien ils seraient tous conduits à s'avouer les uns aux autres que la phonétique du vers défie toute formule rationnelle et ne relève que de l'intuition ; par cela même chacun renoncerait à critiquer l'opinion invincible des autres, et le débat cesserait faute d'objet ; ou bien ils en pourraient démontrer rationnellement les lois phoniques, et les querelles tomberaient encore d'elles-mêmes. Que d'encre épargnée !

Du moins, nous n'aurons pas tout à fait perdu la nôtre dans ces lignes, dont l'intention fera pardonner l'austérité, si nous avons réussi à donner quelque ouverture sur les conditions essentielles de notre art aux jeunes gens qui s'y intéressent et peuvent en accroître la pépinière et la clientèle.

ISBN : 978-1522723905

Sully Prudhomme

www.ingramcontent.com/pod-product-compliance
Lightning Source LLC
Chambersburg PA
CBHW051225170526
45166CB00005B/2048